1691.
+ 4.

Ⓒ

Z 39572

Le Conseil

DES SEPT SAGES DE

Grece, mis en Francois: auec vne brieue & familiere exposition sur chascune authorité & sentence.

Auec priuilege.

¶ On les vend à Paris en la grand' salle du Palais, pres la chambre des consultations, en la boutique de Gilles Corrozet.

1545.

Le priuilege.

IL est permis à Gilles Corrozet imprimer & faire imprimer le conseil des sept Sages de Grece, selon la minute qui nous a esté par luy presentée: laquelle a esté de nous merquée & paraphée, sans y autre chose adiouster. Et defenses à tous autres de non imprimer ou faire imprimer ledict liure de trois ans, sur peine de confiscation desdictz liures, & d'amende arbitraire. Faict ce vnziesme iour d'octobre mil cinq cens quarantequatre.

Signé Seguier.

GILLES CORROZET
au lecteur.

Lecteur, nous t'auons traduict en distiques françois, les sentences & authoritez des sept Sages de Grece, auec l'exposition: à laquelle nous auons adiousté ce qui nous a semblé conuenable à leur intelligence: lesquelles sont tant brieues en parolles & abōdantes en substance, que sans aucun ennuy de lecture, tu y pourras apprendre la pure & veritable institution de bien viure, & conuerser seurement auec les hommes. Pren donc en gre nostre petit labeur comme de plus grande chose. De Paris ce quinziesme iour d'Octobre.
1544.

ENCORES AV LECTEVR.

Lecteur, contente ton esprit
Au goust du fruict de Sapience,
Enclos dedans ce brief escript,
Contenant morale science:
Si de le lire as patience,
Tu apprendras iustice & droict.
Mais qui despriser le vouldroit
Pour l'esgard de sa petitesse,
Ie respon qu'en lieu bien estroict
Se peult enclorre grand' richesse.

Plus que moins.

Le Conseil
des sept Sages de Grece.

¶ THALES MILESIEN.

E premier des Philosophes Grecz, qui a esté appellé sage, fut Thales de Milesie: duql les sept Sages ont esté ainsi nommez. Il florissoit en Athenes du temps d'Acham roy de Iuda. Il est estimé le premier, entre les Philosophes, auoir dict les ames estre immortelles, & auoir trouué la grandeur du Soleil & de la Lune. On dit aussi par luy auoir esté nombré le temps des ans, & les auoir diuisé en trois cens soixante & cinq iours. Ses sentences sont telles.

¶ Les dictz de Thales Milesien.

Principem honora.

A iij

Le conseil

Donne louenge, & fais bonneur au prince
Et gouuerneur de la tienne prouince.

Tu doibs porter souuerain hõneur (apres dieu) à ton prince & à ses lieutenans: pource que par eulx le pays est gouuerné en paix & tranquillité, la iustice administrée, les meschans corrigez, & les ennemis chassez & reboutez. A ceste cause les Egyptiens pour signifier la qualité du bon prince, peignoyẽt vn sceptre & vn œil dessus: voulans par cela donner à entẽdre qu'auec l'authorité royalle, debuoit estre le regard & soing sur les affaires du royaume.

Amicos probato.

Ne dy iamais auoir amy trouué,
Si au premier tu ne l'as esprouué.

Le prouerbe est veritable, qui dit, que deuant que congnoistre l'amy, il fault manger vn muy de sel auec luy. Il est donc necessaire de congnoistre auant qu'aymer, & nõ pas aymer auant que congnoistre. Le vray amy cele le secret de son amy, luy donne secours au besoing, l'honore en sa presence, & le loue en son absence. Il fault esprouuer l'amy s'il est secret: ainsi qu'on essaye vn vaisseau, auquel on met de l'eau premierement, pour sçauoir s'il tiendra bien le vin.

Similis tui sis.

Sois tout ainsi en faict et en langage
Comme tu es au dedans du courage.

Tu ne doibs point auoir en la bouche autre chose que celle que tu as en la pensée. La mauuaise coustume des simulateurs & hipocrites est à hayr: pource que leur cœur pense l'vn, & leur lãgue dit l'autre. La peincture donc n'est vaine qui represente le simulateur, tenant sa langue deuant luy, & son cœur derriere. Malediction (dit Salomon) à celuy qui a le cœur double. Tu doibs aussi estre tout tel auiourdhuy que tu estois hier, sans variation de faict ne de parolles.

Nemini promittito.

Si ton honneur tu ueulx entretenir,
Ne prometz rien, sans le vouloir tenir.

Ne deçoy personne par tes promesses: car toute chose promise (si elle est licite) se doibt accomplir: autrement l'honneur de celuy qui promet y est blessé. Et ne fault que la promesse volle sans le pouoir & le vouloir.

Le conseil

A vitiis abstineto.

Fuy les pechez & actés uitieux,
Suy la uertu qui te conduit aux cieulx.

Vertu fuyt le vice comme son contraire. Qui donc veult estre vertueux, il fault qu'il s'abstienne & garde de toutes faultes, & que vice ne règne point en luy: non seulement le vice exterieur & publique, mais l'interieur qui macule la pensée.

Quod adest, boni consulito.

D'un cœur constant prens en gré & en bien
Tout ce qui s'offre à toy, soit mal ou bien.

Porte de franc courage la prosperité ou l'aduersité de la fortune presente, & sois content de ce qui t'aduient: tout ainsi que tu te contenterois à la table d'vn grand seigneur, de tout ce qui te seroit presenté, fust boully ou rosty, chair ou poisson, sans murmure.

Gloriam sectare.

Qui que tu sois, petit, ou grand seigneur,
Acquiers Vertu, puis tu auras Honneur.

Addonne toy à œuures vertueuses & honnestes, desquelles tu puisses auoir honeur & bonne renommée. Honneur entretient & nourrit les artz & sciences. Si donc nous voulons paruenir à ceste gloire, il nous fault atteindre à la haultesse d'icelles sciences, lesquelles ne tendent qu'a ceste fin, par labeur & exercice.

Vitæ curam age.

Pour maintenir longuement ta santé,
Fuy grand labeur, tristesse & uolupté.

Entretiens ta santé, de sorte que par labeur ou tristesse tu ne diminues tes iours: ou que par voluptez ou trop grande abondance de vins & viandes tu n'abbreges ta vie. Salomon dit que tristesse deseiche les os: & que plus de gens meurent par gourmandise, que par le cousteau.

Laudatus esto apud omnes.

Tant que pourras garde ta renommée,
Ta uie aussi ne soit point diffamée.

Efforce toy d'acqrir la grace de chascun, & ne fay facherie à personne: ains pren peine à tõ pouoir de cõplaire à tous, pour estre aymé des bons, & n'estre point hay des mauuais.

Pacem dilige.

Ayme la Paix, par qui tout bien augmente:
Laisse discord & guerre uehemente.

Le conseil

Ne sois côtentieux ou semeur de querelles. Endure de celuy qui veult prendre noise à toy, ainsi tu le vaincras. Fay ton debuoir q̃ tu ayes la paix auec dieu, ton prochain, & toymesme.

Susurronem ex ædibus eiice.

A ton pouoir chasse de ton hostel
Le babillard, comme ennemy mortel.

Ne permetz longuemét hanter auec toy celuy qui tousiours grumelle en murmurãt: & ne fait rien qu'en rechignerie. Ne laisses aussi conuerser en ta maison celuy qui flagorne en derriere auec ses compagnons, & met la famille en trouble: car il resemble à celuy qui parmy le bon grain seme la zizanie.

¶Fin des dictz de Thales.

des sept sages. vi
SOLON ATHE-
nien.

Solon l'vn des sept sages florissoit à Athenes, lieu de sa natiuité, au têps d'Ezechias roy de Iuda. Il bailla les loix aux Atheniens, lesquelles furent depuis instituees & receues à Rome. Il deliura par sa prudence, iceulx Atheniens de seruitude: & depuis (la fortune muée) se rendit fugitif en Egypte. Puis allât en Sicille, y edifia vne cité, qu'il nomma de son nom. Valere dit de luy, que tant plus il enuieillissoit, tant plus auoit desir d'apprendre. Il mourut en l'aage de quatre vingtz ans.

Les dictz de Solon.

Deum cole.

De tout ton cœur, de ta force & puissance
Ren gloire à Dieu, honneur & reuerence.
On ne peult assez recommander & per-

Le conseil

suader aux hommes l'adoration & l'honeur de nostre dieu, qui de sa grace nous eslargit l'augmentation de vertu, l'intelligence de sa saincte parolle, la gloire de salut, & l'entretenement de la vie. Ce comandement est conforme au premier commandemét de la premiere table de Moyse, qui no⁹ enioint d'aymer & seruir nostre dieu sur toutes choses: qui no⁹ a creez, rachetez & sauuez par sa seule bonté infinie.

Parentes reuerere.

Honore aussi tes amys & parens
Par bon vouloir, & par faictz apparens.

Apres l'honneur de dieu, la reuerêce des parens est commandée, tant par la loy diuine, que par tous les sages: laquelle reuerence consiste, non seulemét en honneur exterieur, mais aussi en plaisirs, seruices & secours. Ce commandement doibt estre soigneusement persuadé aux ieunes enfans, afin qu'ilz le gardent.

Amicis succurre.

A tes amys qui ont uers toy recours,
De corps & biens tu doibs donner secours.

Il fault ayder aux amys, qui sont en po-

des sept sages.

ureté ou maladie, ou qui ont affaire de conseil: & non seulemét aux amis (dit l'escripture saincte) mais à tous hómes. Le vray amy ne delaisse iamais son amy au besoing: tellement que le faict de l'vn c'est le propre faict de l'autre: pource qu'entre les amys toutes choses doibuent estre communes. Amy est vn nom bien desiré, homme qui ne se trouue gueres, refuge de necesité, possessió trouuée en grande peine, le cabinet des secretz, repos asseuré, & felicité bien aymée.

Veritatem sustineto.

Encontre tous par parolle notable
Doibs soustenir ce qui est veritable.

Sois pour la verité, & ne bataille iamais contre icelle: car dieu ayme toute chose faicte en verité & iustice. Aucuns cachent la verité, & la palient par feinctes parolles, ou ne l'osent dire, de paour d'auoir la maluueilláce des hommes. Les autres, en se taisant, la suppriment & destruisent. Mais bien eureux est l'homme la bouche duquel ne profere que verité, & la soustient. Verité est forte pardessus toutes choses: car quelque empeschemét qu'on luy face, elle se descouure auec le téps.

Le conseil

Cogita quod iustum est.

Sois net de cœur, & de saine pensée :
Par toy ne soit chose iuste offensée.

Penser ou sentir dedans soy aucune chose mauuaise d'autruy, est signe d'vn cœur corrompu de folles affections. Fay donc que tu ne penses chose qui ne soit iuste & equitable. Nostre sauueur nous a commandé nous abstenir de pensées ordes & vilaines. Il a dict aussi que l'homme de bien met hors les bōnes choses du bon tresor de son cœur : & que l'homme meschant met hors les mauuaises choses du mauuais tresor de son cœur : car (dit il) de l'abondance du cœur la bouche parle. Que si le cœur est pur & net, tous les actes exterieurs seront vertueux & hōnestes.

Iracundiæ moderare.

Modere en toy la passion de l'ire,
Et par courroux garde toy de mesdire.

Courroucez vous (dit le prophete) & ne pechez point. C'est à dire : Moderez vostre ire, laquelle se pourroit cōuertir en fureur, si par la victoire de soy mesme elle n'estoit surmontée. Ire empesche la pensée, trouble l'entendemēt, offense les bōs, irrite les mauuais, & nuyt à celuy qui la nourrit en soy. Elle n'espargne personne, condemne chascũ & blaspheme les choses sainctes. Mettõs luy donc vn frein quand elle nous veult surprendre, & ne la laissons entrer dedans nostre courage, que si elle l'embrase tant soit peu, taschons à nostre pouoir de l'esteindre.

Virtutem laudato.

Donne louenge d chose uertueuse
Aye en desdain toute œuure uicieuse.

Vertu est louable de soy: car elle porte son honneur auec elle, & bien souuent est louée des meschans oultre leur gré. Elle resemble à la palme, laquelle tant plus est tirée contre bas, & plus se redresse hault: aussi de tant plus que vertu est oppressée, & plus resplendit de gloire. Loue donc la vertu qui est le pris & loyer de soymesme. Toutes choses se passent, mais la seule vertu demeure entiere, qui rend son autheur louable par eternelle renommée. Au contraire, vice est vituperable, qui fait son autheur à iamais infame.

Ne iurato.

Ne iure point le nom du dieu des dieux,
Ny de ses sainctz, cela est odieux.

Le conseil

Ce commandemét est le second de la loy diuine : laquelle dit q̃ la maison de celuy qui iure beaucoup sera remplie d'iniquité & malediction. Si tu es iuste & homme de bien, tu n'as que faire de iurer pour confirmer la verité, sinon pour rẽdre pluscertains ceulx qui ne te veulent croire : auquel cas (si c'est pour vertu, ou que ce soit en iugement) il t'est licite de iurer. Nostre sauueur disoit : Vous ne iurerez ny par le ciel, ny par la terre, ny par quelque autre chose. Vostre parler sera ouy ouy, non non : car tout ce qui est dauantage vient du malin. Gueres d'hommes ne iurent s'ilz ne sont iniques & meschans.

Legibus pareto.

Ren toy subiect aux loix de ton pays:
Pour auoir paix, à elles obeys.

Les loix ont esté instituées pour le gouuernement de la republique. Et tout ainsi q̃ l'ame conduit le corps, & luy donne la vertu de faire ses œuures, en telle maniere la loy est la direction & entretenement du royaume : & par icelle le prince est obey, & les subiectz tenus en paix. Puis donc que les loix ont esté baillées par noz anciens & maieurs pour

des sept sages.

pour la conseruation du droict: certainemét celuy seroit meschant & seditieux, qui ne vouldroit obeyr à icelles: pource que toutes loix establies à l'intention de vertu, sont confirmées & ratifiées de dieu. Nous auōs quatre manieres de loix. La loy de nature, par laquelle nous faisons tel droict & iustice à chascun que nous vouldriōs qu'on nous feist. La loy escripte donnée de dieu par Moyse, laquelle nous monstre les loix ceremoniales & iudicialles, obseruées par les Hebrieux, & les loix morales que nous debuōs garder. La loy de grace, par laquelle nous auons le salut promis en la loy escripte. La derniere, c'est la loy ciuile & canonique, par laquelle nous sommes instruictz & gouuernez, tant au téporel, qu'au spirituel. Obey donc aux loix, la fin desquelles est l'administratiō de la vie humaine, & le salut de l'ame.

Malos odio prosequere.

Aye en desdaing tout homme plein de uice.
Non pas pour luy, mais bien pour sa malice.

Tu doibs auoir en hayne les ouuriers d'iniquité, la vie desquelz est gastée & corrōpue par leurs vices: c'est à dire, tu doibs fuyr

Le conseil

la cōpagnie de ceulx qui n'ont aucunement en eulx l'amour de vertu & hōnesteté, & par vne mauuaise coustume de viure, ilz font de vice vertu. De telle maniere de gens, tu ne sçaurois apprendre que chose deshonneste, & vilaine. Fuy donc leur compaignie, si tu ne veulx estre faict semblable à eulx: car (disoit Dauid) auec le sainct, tu seras faict: mais auec le mauuais, tu deuiendras mauuais: ce q̃ tu doibs euiter, pource que mauuaistié n'attend autre loyer, que honte & infamie.

Nemini inuideto.

Sur la richesse ou la prospere vie
De ton prochain, ne vueille auoir enuie.

Enuie abbrege les iours de l'hōme, & diminue les vertus du corps. Si donc tu viens à te marrir de ce qu'aucun a plus de richesses, de prosperité, ou de vertu que toy: pren peine par ton labeur & industrie, d'estre pareil à luy: car richesses & vertus, sont choses cōmunes à tous. Enuie ne veult bien à nul, & tourmente le cœur de l'enuieux. Elle est semblable au chiē couché dessus le fein, qui luy est inutile pour viande: & toutesfois il ne veult permettre, q̃ le beuf en approche pour en manger. Ne sois donc enuieux sur le bien d'autruy, q̃ tu ne luy as pas baillé: mais pren peine d'en auoir auec suffisance, & l'enuie cessera.

¶ Fin des dictz de Solon.

CHILO LACEDEmonien.

Hilo lacedemonien estoit en grand estime enuers les Atheniens, du tẽps d'Ezechias roy de Iuda. Il fut enuoyé d'iceulx en Corinthe, pour y traicter aliance, ou il trouua les gouuerneurs & anciens du peuple iouans aux dez: pour laquelle raison, laissant son message imparfaict, retourna, disant, ne vouloir par ceste infamie, maculer la gloire des Spartains: afin qu'on ne dist qu'ilz eussent prins societé auec les ioueurs de dez. Cestuy Chilo estoit brief en language, & vesquit cinquantesix ans. Pres de son sepulchre luy fut dressée vne statue pour memoire de luy.

Le conseil
Les dictz de Chilo.
Nosce teipsum.

Congnoy toymesme, en considerant comme
Tu es mortel, debile, & fragile homme.

La plus grande science que l'hôme puisse auoir, c'est congnoistre soymesme: car s'il sçait toutes les sciences humaines, & il ne se congnoist, il est ignorant. L'homme en se cõgnoissant, recongnoist dieu pour son createur & seigneur: & luy, creature mortelle, & seruiteur inutile. Aussi congnoistre soymesme, c'est auoir la raison deuant les yeulx, & aduiser si ce qu'on veult faire & dire sera biẽ faict, ou bien dict, & si vn hôme de bien en delibereroit ainsi. Ce commandemẽt estoit ancienemẽt escript à l'entrée du portail du temple d'Apolo en Delphos, afin qu'il fust imprimé en la memoire des hommes.

Ne cui inuideas mortalia.

Aux biens d'autruy mortelz & perissables
Ne porte enuie, ilz sont trop tost passables.

Vy sans estre enuieux, ny enuié d'autruy si tu peulx, & t'e ioins à tous par amitié pareille:car ceulx qui sont enuieux, viuent en indigence:& ceulx qui sont enuiez, abondẽt en trop de choses. Estre enuieux du biẽ d'au truy(dit Cicero)est vn plus grand mal contre nature,que la mort,que la douleur,ny q̃ toutes autres choses mauuaises. Enuie (dit Ouide)se nourrit aux cœurs des viuans,& se repose apres leur mort. Ne sois enuieux des richesses d'autruy, que tu congnois perissables:ains desire & souhaite auec vne bonne enuie la prudence de la pensée,& les vertus qui sont immortelles, de laquelle enuie disoit Cicero.O enuie compaigne de vertu, tu enfuys tousiours les bons, & les bons te suyuent.

Temperantiam exerce.

En tous tes faictz vse de temperance
En demonstrant d'icelle l'apparence.

Fay qu'en toutes choses on te congnoisse nomme attrempé,sobre, constant & fort contre les aduersitez. Temperáce est le frein qui restreint les voluptez du corps, & qui defend à l'homme de n'appeter choses illicites:voire mesmement celles qui pourroiẽt sembler licites par iuste licẽce,& le fait estre

B iij

Le conseil

immuable en grandes & petites choses.
Ordre, moderation, reuerence & honte sont
compaignes de Temperance.

Turpia fuge.

Ne fay ne dy chose qui soit uilaine:
Pource que c'est contre nature humaine.

Ne fay, ne dy, & n'escoute tout ce que tu
penseras estre vilain à faire, & deshonneste
à ouyr : car qu'est ce qui est plus à hayr que
vne laide parolle, ou vn faict imprudent ? Si
en beaucoup de parolles le plussouuent il y
a peché, combien nous debuons nous abstenir
des meschantes ? Sainct Paul defend le
fol parler, & consequemment les œuures ordes
& deshonnestes : car toutes ces choses
maculent la conscience de l'homme.

Tempori parce.

Le temps perdu iamais ne se recœuure:
Tu le doibs donc employer en bonne œuure.

Ne pers point le temps, ains vse d'iceluy
par mesure : car il n'est riē pl' pretieux & excellent
que le tēps : lequel auec vn viste mouuement
& hastif cours, rauit & emporte toutes
choses. Employe donc le temps en bonnes
& sainctes œuures. Et si par ta noncha-

des sept sages.

lance tu l'as laissé perdre, metz peine de le recouurer par correction & amendemēt de ta vie. Tu doibs estre plus auaritieux du tēps que des richesses. Et (comme dit sainct Paul) faisons bien tandis que nous en auons l'opportunité.

Iustè rem para.

Si tu ueulx uiure au monde honnestement,
Ce que tu gaigne, acquiers le iustement.

Essy aucun art ou science par lequel tu puisses acquerir du bien iustement sans faire tort à personne. Les richesses acquises par vn gaing deshonneste perissent incontinēt, & ne proufitent aux heritiers. En quelque estat donc q̃ dieu t'ait appellé, exerce le sans le dommage d'autruy: car quelque petite science ou mestier que tu ayes, si tu le veulx exercer par honneur, il te nourrira.

Multitudinem place.

Fay si tresbien que tu complaise à tous,
Et uers chascun sois agreable & doulx.

Si quelq̃ fois tu te trouues en la cōpaignie des hōmes, aye ce soing d'estre hōneste, tant en parolles qu'en faictz, afin q̃ tu ne desplaises à ceulx q̃ seroyēt p̃sens p̃ res sotes & ar-

Le conseil

rogátes parolles, ou par tõ trop immoderé & graue geste. Certainemẽt la grace & l'aornemẽt du corps doibuent estre si bien cõposez, qu'ilz puissent complaire à plusieurs: nõ pas aux imprudẽs, mais aux sages. Courtoisie & doulceur temperent l'ire, font trouuer toutes choses bõnes, & mettent leur possesseur en grace. Garde toy de complaire aux meschans, car ce seroit consenty à leur mauuaises œuures: ains estudie toy de complaire à dieu & aux gens vertueux.

Sapientia vtere.

Vse en tes faictz de prudente sagesse,
Non point de fraude & meschante finesse.

Il y a difference entre science & sagesse: Car la science est acquise par les lettres humaines, & la sagesse procede par l'institutiõ des bonnes meurs & vertueuse pensée. Ainsi celuy peult estre sçauant, qui n'est pas prudent & sage: mais le sage ne peult estre, qu'il ne soit sçauant: pource que c'est grãde science de se bien conduire & maintenir en ceste vie. Ceste sagesse a esté demandée à dieu par le roy Salomon, & non les richesses & delices qu'il a estimées vanité. Au cœur de l'hõme prudent (disoit il) repose la sapience, le commencement de laquelle c'est la crainte de dieu. Par ceste sagesse regnét les Roys, la iustice est maintenue, & la chose publique gouuernée. Ceste sagesse est la vraye lumiere de l'homme, qui le conduit par toutes ses voyes. Pren donc peine d'estre sage, en dominant sur tes mauuaises inclinations & passions naturelles. Et quand tu auras esté enseigné par les hommes sages, ou par les bons liures, móstre le fruict de ta sagesse autát qu'il te sera possible: afin que tu puisses proufiter à autruy & à toymesme.

Moribus probatus esto.

Entre les gens tressages & bien meurs
Fay que tu sois trouué de bonnes meurs.

C'est ce qui est merueilleusement conuenable, & donne bonne grace à l'homme que les bonnes meurs. Tous les hómes approuuét l'elegáce & facilité des meurs, & en toutes choses la desirét. Fay donc par tes meurs hónestes, q̃ tu sois en bonne reputation enuers tous, en monstrant le bon engin de ton esprit. Les meurs consistent en la prudence de la pensée, & en la parolle: laquelle estant vilaine & deshonneste, corrompt les bonnes meurs.

Ne quid suspiceris.

Garde toy bien en aucune façon
De mal penser, & facheux souspeçon.

Le souspeçon nous deçoit ordinairemēt: & est vn signe de courage inconstant & qui mal se côfie en dieu, d'auoir souspeçon mauuais des choses futures & incertaines: tant des siennes, que de celles de ses amis. La nauire n'est iamais bien asseurée entre les vagues de la mer, en la mercy des ventz & tempestes: aussi la pensée agitée de souspeçon ne peult trouuer asseurance en ses conclusions & deliberations. Oste donc de toy tout souspeçon, en esperant plustost le bien que le mal.

Oderis calumnias.

Tu doibs hayr mesdictz & calumnies,
Mauuais rapportz, iniures & enuies.

Euite & fuy les faulses & mauuaises accusations d'autruy, & ne les escoute. Garde toy aussi de calumnier l'honneur d'autruy: pource qu'il n'y a chose plus indecente & deshonneste aux gens de bien. Calumnie est

des sept sages. xiiii

defendue en la loy diuine: ce qu'elle appelle faulx tesmoignage, detraction, & faulse accusation. Calumnie esteint la bonne renōmée, desire le mal d'autruy, inuente mésonges, & condemne l'innocent. Appeles peinctre excellent descrit calumnie ainsi: Il feint vn iuge, ayant les oreilles d'asne: au costé duquel il met deux conseillers: l'vn appellé Ignorance, & l'autre Souspeçon. Calumnie est deuāt luy, tenant en la main vne torche ardente, pour signifier la fureur d'icelle: & de l'autre main elle tient vn homme par les cheueulx, qu'elle traine deuant ce iuge. Pres d'elle est Enuie, qui procure la sentence du iuge contre l'innocent. Plus loing est peincte Repentance, qui est suyuie de Verité: laquelle descœuure toutes choses.

Ne fueris onerosus.

Ne charge point si fort le tien amy,
Qu'il soit contrainct d'estre ton ennemy.

Aucuns sont de si mauuaise coustume, que là ou ilz sentent la beneuolēce & faueur de leurs amis, ilz les chargent tant, en abusant de leur familiarité, qu'ilz les contrraignent d'estre leurs ennemys. Toy donc

Le conseil

vse modestement de la gratieuseté de tes amis: afin que contre l'honneur, tu ne sois trop importun & moleste: car si tu es vray amy, tu ne seras poīt sans hôte, qui est vraye compaigne d'amitié.

¶ Fin des dictz de Chilo.

PITACVS ASIAN.

Pitacus d'Asie de la cité de Mitilene tresillustre philosophe, & noble en l'art de cheualerie estoit en grande renommée, du temps de Ioachin roy de Iuda. Cōme il y eust bataille entre les Atheniens & Mitileniens, & il fust conducteur de l'exercite des Mitileniens, il establit vn certain cōbat, entre Phrinō, chef des Atheniés, & luy, pour mettre fin à leur querelle: auquel combat il occit iceluy Phrinon, & sauua sa terre de Mitilene, de laquelle il obtint la seigneurie, & la gouuerna par dix ans. Il desprisa les richesses: & par loy publique, il ordōna que l'homme yurongne seroit puny honteusement par la cité, deuant tout le peuple. Il vesquit septante ans.

Les dictz de Pitacus.

Quæ facturus es, ea ne prędixeris: frustratus enim ridéberis.

Le tien vouloir, à nully ne diras:
Car toy frustré, d'autruy moqué seras.

Deuant que tu commences quelque chose ou que tu l'ayes acheué, garde toy bien de le manifester: afin qu'il n'aduienne que si tu ne le commences, ou que tu ne l'acheues à ton honneur, tu n'en sois moqué & raillé: car alors la honte se presente à toy, pour te chastier de telle vantance.

A familiaribus in minutis rebus læsus, feras.

Tes familiers à aymer te dispose,
Ne pren courroux à eulx pour peu de chose.

Si tõ amy t'a fasché en quelque chose, en quoy tu n'ayes pas grandemẽt offensé, tu le doibs porter de bon cœur. Il y a des gens

Le conseil

qui pour la moindre faulte du monde, n'ont point de honte de rompre vne grande & lõgue amitié: mais ilz ne sont pas parfaictz amys, car le vray amy supporte l'imperfection de son amy, & en endure iusques au bout.

Depositum redde.

Sois diligens & aussi prompt à rendre,
Comme tu as esté soigneux de prendre.

Ce qui t'a esté commis & baillé en garde, ren le tout aussi tost, & deuant que ton amy le redemãde: afin de garder la paix auec luy, & accõplir iustice qui nous enseigne q̃ nous n'auons rien au bien d'autruy. Dauãtage, si on te preste quelque argent, sois soigneux, & pren peine à le rẽdre: car quiconque s'acquite, il s'enrichit.

Amico ne maledixeris.

Garde toy bien d'estre faulx blasonneur
Contre un amy, & contre son honneur.

Ne deshonnore point la renommée de ton amy. Ne parle point mal de celuy qui est ioinct à toy, par le lié d'amitié: mais plustost sois marry de ses vices, en luy remonstrant ses faultes entre toy & luy: & en ce faisant, tu l'auras gaigné, & ne le perdras iamais.

Inimicum ne putes amicum.

Qui rid & mort, quiconques oingt & poinct:
Est ennemy, & uray amy n'est point.

N'estime celuy ton amy, qui te flate par ses parolles : ny celuy duql tu t'es apperceu qu'il a pourchassé ton dommage ou deshoneur en derriere, par ses fraudes & calūnies. Garde toy, tant que tu pourras, de telles manieres de gens: car leur amitié ne cerche que leur propre proufit, & quelque belle mine qu'ilz te facét, euite les comme tu vouldrois fuyr la couleuure cachée dessoubz l'herbe. Telle amitié simulée resemble à l'oyseleur, qui de son courcaillet abuse la caille, tant q̃lle se viét prendre au filé, en peril de sa vie.

Vxori dominare.

En tout honneur sois maistre de ta femme
Sans noise & bruit, & sans aucun diffame.

Si tu es marié, retien tousiours vers toy la seigneurie & maistrise par dessus ta femme: afin q̃ par trop gráde familiarité & liberté, elle n'entreprenne sur ta domination: & que pour luy auoir baillé vn pié de franchi-

Le conseil

se, elle n'en prenne quatre. Sois donc maistre d'icelle, de paour qu'elle ne te deçoiue: car la malice de la femme (dit le Sage) est plusgrāde que la malice du serpent: de sorte que si elle peult mettre son pié sur ta teste, elle te fera consommer tes iours en douleur & melancholie. Bien eureux donc est celuy qui a vne bonne femme: car c'est don de dieu.

Quæ feceris parentibus, eadem à liberis expectato.

Ne plus ne moins qu'à tes parens feras,
Semblablement de tes enfans auras.

C'est vne reigle generale ordōnée de dieu, que tel que tu auras esté à tes parens, telz seront tes enfans enuers toy. Si tu leur as esté facheux & moleste, tu receueras facherie & tristesse des tiens. Si tu leur as esté doulx & bening, tu auras aussi de tes enfans toute doulceur & humilité. Ne sois pas de pire nature que la Cigoigne, laquelle nourrit & eschaufe son pere & sa mere quand ilz sont vieulx: aussi quand elle paruient en vieillesse, elle reçoit de ses enfans semblable benefice.

Desidiosus

Desidiosus ne esto.

Euite & fuy le uice de paresse,
De poureté le chemin & adresse.

Exerce ton esprit & ton corps, en labeur continuel: car oysiueté & paresse, corrõpent merueilleusement les vertus de l'entendement, & les nerfz du corps. Il n'y a vice qui ne soit engendré & nourry par paresse. Dauantage Paresse & Oysiueté sont meres de Poureté, & de faulses inuentions. Fuy donc ce vice, & pren labeur par lequel les vertus & les richesses sont augmentées: car (dit le prouerbe) Au Renard endormy, rien ne luy chet en la gueule.

Inter amicos ne fueris iudex.

Si tes amys uiennent à ton refuge,
Ne ueuille point de leurs faictz estre iuge.

Garde toy d'estre iuge ou arbitre en la controuersie de tes amis: afin qu'en iugeant au proufit de l'vn, tu ne pde l'amitié de l'autre: si ce n'est au cas qu'en congnoissant ta prudence & preud'hõmie, d'vn mesme consentement, & pour mettre fin à leur querelle, ilz t'eussent esleu arbitre, ce que tu doibs accepter pour le bien de leur paix, & gar-

Le conseil

der le droict en ta conscience.

Ne contende cum parentibus etiam si iusta dixeris.

A tes parens n'aye contention
Pour uerité, ny pour la fiction.

Toute contention & noise, tant soit petite, esmeut & prouoque l'ire. Comme ainsi soit donc que c'est chose mauuaise de prouoquer son pere & sa mere à ire, donne toy de garde de debatre contre eulx, pour aucune chose: voire quand il te seroit aduis que tu aurois bonne & iuste cause, en ta querelle.

Ne geras imperiū priusquam parere didiceris.

Dessus autruy ne doibs auoir puissance
Si tu ne sçais que c'est d'obeissance.

Ne pren poīt la charge d'auoir seruiteurs & subiectz, si tu n'as premierement experimenté que c'est d'estre seruiteur & subiect: car iamais homme ne gouuernera ses seruiteurs ainsi qu'il appartient, s'il n'a esté nourry en seruitude. C'est ce qu'on dit ordinairement, Celuy n'est digne d'estre seruy, qui n'a apprins que c'est de seruice.

Infortunatum ne irriseris.

Quand il suruient d'quelcun infortune
Ne t'en ry point, elle est à tous commune.

Il n'y a rien qui donne plus grand argument de la mauuaise & peruerse volunté de l'homme, que quãd on le voit se resiouyr ou moquer de l'aduersité d'autruy: & toutesfois quand il se lieue, il ne sçait ou il couchera, ny q̃lle ioye ou tristesse la fin du iour luy doibt apprester. Ne te ry point dõc du mal de ton prochain. Tu es en la main de dieu cõe luy, pour t'enuoyer ce qui luy plaira.

Ne lingua præcurrat mentem.

Par toy ne soit aucun mot prononcé,
Si tu ne l'as premierement pensé.

Sois prompt à escouter, & tardif à parler. La parolle est messagere de la pensée. Pense donc deuant que parler, & ne dy chose dont tu te puisses repentir ou reprendre apres l'auoir dict. La langue preuient la pensée, quãd nous nous repentons apres nostre dire. Il fault pour le pluscertain, que la pẽsée voise deuant la parolle, car autrement, c'est vn

Le conseil
signe d'imprudence.
Quæ fieri non possunt, ne concupiscas.

Pour bien uenir au bout de ton affaire,
N'appete point chose qu'on ne peult faire.

Le plus grand signe d'vn homme sot & imprudent, c'est desirer ce qu'il ne peult auoir, & appeter ce qui ne se peult faire. Celuy est bien despourueu d'entendement, qui veult attenter d'auoir, ou demande aux autres ce qui ne se peult acquerir par aucū traueil & peine. Euite ces folz appetis, & ne desire rien qui ne soit licite. Ne demāde aussi à autruy chose qui ne soit iuste & raisonnable, si tu ne veulx auoir la honte d'estre refusé.

Ne festinaris loqui.

Ne parle point trop, ny hastiuement,
C'est un dangier de parler follement.

Tu ne dois parler inconsideréméc & hastiuement deuāt qu'y auoir pésé: car en toute chose qui est faicte ou dicte en si grād' hastiueté, il y a peu de prudence bien conseillée en soymesme. Le plus grand argument d'vne fote penſée & d'vn eſprit peu raſſis, c'eſt de parler toſt & beaucop: à ceſte cauſe nous debuõs pluſtoſt nº garder de mal parler, q̃ de toute autre choſe. Noſtre ſeigneur diſoit, tu ſeras iuſtifié ou condēné par ta parolle, pource que c'eſt l'ambaſſade de tes affections. S'il aduient donc que nous ſoyons interroguez de quelq̃ choſe, ne nous haſtons point de parler, ains auec grande conſideration & bon iugement, donnons raiſon à noſtre dire, en reſpondant ſagement à ce qu'on nous demande: car on ne peult retracter hõneſtement ce qui a eſté ſotement dict.

Legibus pare.

Comme ſubiect, obeis à la loy
Faicte au païs, par ton prince ou ton Roy.

Les loix humaines ſont les liens de ſocieté & compagnie ciuile: ſans leſquelles nous viurions en la maniere des beſtes. Les richeſſes ſont les nerfz du bien publique: mais les loix, c'eſt le ſang qui donne vertu & vie aux corps de toutes communautez. Parquoy eſtudions nous d'obeir à icelles, non par contrainte, mais de noſtre bon vouloir & pour l'amour de vertu.

Le conseil
Nosce teipsum.

Congnoy toymesme, & regarde dequoy
Tu es formé, par qui faict, & pourquoy.

Ce commandement ne pouoit estre assez recommádé à l'appetit des anciens, & nó sans cause : car cestuy là sçait beaucoup, qui cógnoist soymesme: pource qu'en se cognoissant, il considere qu'il a esté faict de terre, par la puissance de dieu, pour auoir en la fin selon ses œuures, punitió ou gloire. De nostre mauuaise nature nous sommes plus enclins à congnoistre les faultes d'autruy, que noz propres vices : & par plus grande diligence, nous les enquerós & cerchons, sans cógnoistre que nous mesmes sommes aueugles en nostre propre faict. C'est ce que disoit nostre sauueur. Comment dy tu à ton frere qu'il oste vn festu de son œil, & tu ne vois pas vne grosse poultre qui t'offusque la veue. Hypocrite, oste premierement la poultre dè ton œil, puis tu verras à oster le festu de l'œil de ton frere. Le peuple de Phenice pour signifier ceste belle authorité, faisoit peindre vn serpent en rondeur, qui mordoit sa queue: voulás par cela donner à entendre q̃ l'homme qui doibt estre prudent comme le serpẽt debuoit mordre sa queue: c'est à dire, soy cõgnoistre, & considerer sa fin.

Ne quid nimis.

Ne peu ne trop doibt estre ta mesure.
Pren le moyen, qui plus longuement dure.

Il y a moyen en toutes choses, aux extremitez desquelles ne consiste droit ne vertu. Peu & trop sont deux extremitez vitieuses: mais moyen & vertu se tiennẽt tousiours au milieu. Ce qui a esté bien descript soubz la fable de Pheton conducteur du char du Soleil: auquel Pheton fut commandé que pour faire seure cõduicte du char & des cheuaulx, il n'allast ne hault ne bas: ains cheminast par le milieu du ciel. Lequel commandement il n'obserua, dont mal luy en print. En to^9 noz affaires donc suyuons le milieu, qui fait les hommes bien eureux : & ne faisons rien dequoy on puisse dire ql y ait default ou excés.

Ante omnia venerare numen.

Deuant toute œuure, en toute place & lieu,
Donne louenge & gloire à un seul dieu.

Adore dieu deuant toutes choses. La pre-

C iiii

Le conseil

miere & principalle loy, c'est que tu doibs adorer, seruir & honorer ton dieu souuerain de toute ton ame, de toute ta pensée, & de toute ta force: & auec telle adoration tu le doibs craindre & aymer: car il le commāde.

Parentes reuerere.

Les tiens parens sur tous doibs honorer,
Aymer, nourrir, seruir & reuerer.

Ce commandemēt en la loy diuine a ceste promesse, que les enfans qui l'accompliront, viuront longuement. C'est vne chose trescertaine que celuy qui aura obey & faict plaisir & seruice à son pere & sa mere, viura tousiours en honneur & longues années.

Audito libenter.

Si ton proufit quelque homme te consaille,
A l'escouter tu doibs prester l'oreille.

Nous n'auons qu'vne langue, mais nous auons deux oreilles: pour nous signifier que nous debuons parler peu, & escouter beaucoup. Tu doibs escouter doulcement & patiemment celuy qui te conseille ton bonneur & proufit, quand il est question de ton affaire. D'autant plus qu'il nous est commandé d'escouter choses sainctes, honnestes & vertueuses, tant plus nous est il defendu de prester l'oreille à choses deshonnestes & vitieuses: pource qu'elle est vne des portes par laquelle le peché entre en la pensée.

Voluptates coërce.

Pour ta santé & ton bien, chasse hors
D'avecques toy, les voluptez du corps.

Nous debuons reprimer en toute diligence les delices charnelles de la pensée, & les voluptez du corps: autrement nous pourrions tomber en inconuenient de plusieurs maladies, & en deshonneur de noz personnes. Sainct Paul nous admoneste que toute paillardise & immondicité de corps ne soit point nommée en nous: aussi les voluptez nous sont defendues par la saincte escripture, & ne nous sont permises des anciens Philosophes. Nous ne debuons vser de vin, de viande, de ieu & de femme, que pour la necessité, & ainsi qu'il nous est permis.

Inimicitiam solue.

A qui que soit ne porte inimitié:
Romps sa fureur par le bien d'amytié.

Il n'y a rien plus pernicieux que de tenir

Le conseil

son cœur, & porter longue haine contre autruy. Inimitié occupe la pensée, aueugle l'entendement, amaigrit le corps, & souhaite la mort d'autruy. Il nous fault rompre l'inimitié tant qu'il nous sera possible en ceste maniere. Nous debuõs admonester familierement celuy qui nous hait, en luy remonstrãt doulcement nostre incommodité, & sa faulte commise enuers nous : & alors l'inimitié s'amolira. Du tout en tout, si nous voulons viure cõme chrestiẽs, nous ne debuons porter hayne ny enuie cõtre personne: ains debuons aymer noz ennemys, cõme noz amys, & prier dieu pour eulx.

Vxorem ducito ex æqualibus: ne si ex ditioribus duxeris, dominos tibi pares, non affines.

De mesme toy pren femme en mariage,
Non de plusgrand ou pluspetit lignage.

Il vault beaucoup mieulx se marier à vne femme pareille à soy, que de la prendre plus riche: car si tu la prens pour ses grandes sommes de deniers, tu espouses les richesses, & non la femme. Et le plussouuent auec telles richesses, elle sera despite, fiere & orgueilleuse : & ne luy oseras commander, ains elle te commandera. Dauantage, si tu la prens de plus grande maison que la tienne, & de plus riche lignage, ce ne te seront que reproches: & au lieu que tu pensois par telle aliance auoir trouué des parens & amys familiers, tu te trouueras auoir acquis des seigneurs & maistres: en la compagnie desquelz tu ne seras que simple valet. Pren donc femme egale à toy en richesses, en aage, en meurs & cõditions, & en lignage, afin que tu ne t'en repentes.

¶ Fin des dictz de Pitacus.

BIAS PRIENEE.

Bias Philosophe d'Asie fut prince de la ville de Prienense. Et comme ainsi fust qu'entre les Prienenses & Messanenses il y eust guerre, en laquelle les cheualiers Prienenses eussent prinses ca-

Le conseil

ptiues plusieurs vierges des Messanenses, Bias par office de pitié les racheta de la main des vainqueurs: & en gardant leur honneur ainsi qu'a ses propres filles, les feit toutes vestir de neuf:& apres leur auoir faict plusieurs dons, les renuoya à leurs parés, combié qu'ilz fissent ses ennemys. Valere dit de Bias, que quand sa cité fut assaillie & prinse des aduersaires, & que chascun s'enfuyoit auec les richesses, les plus pretieuses qu'il pouoit emporter, luy fuyát cóme les autres, sans prendre aucune chose de ses meubles, fut interrogué pourquoy il les auoit laissez, & ne les emportoit. Il respondit, i'emporte auec moy tous mes biens. Par ceste respóse, il iugea & estima les biens estre les dons & graces inuisibles de l'entendement, & non pas les richesses temporelles visibles. Iceluy Bias estoit en grand bruit & renommée du temps de Sedechias Roy de Iuda: & apres sa mort, les Messanenses luy dedierent vn temple.

des sept sages. xxiii
Les dictz de Bias.

In speculo teipsum contempla-
re: & si formosus apparebis, age
quæ deceant formam.

Si tu es beau & d'elegante forme
Fay ce qui est à ta beauté conforme.

Ta beauté corporelle te faict honte, si tu n'es aussi beau dedans q̃ dehors. Vertu, Bõté, Preudhommie & Science, conuiennent & appartiennent à tous, tant aux beaux que aux difformes. Si tu as eu de dieu le don de beauté, ne contemne point la vertu, ains estudie toy à ce que la beauté de la pensée ensuyue la beaulté & elegance de la face: & que tu sois tel au dedans comme tu apparois par dehors.

Sin deformis, quod in facie minus
est, id morum pensato pul-
chritudine.

Si tu n'es beau de uisage, il te fault
Par bonnes meurs compenser le default.

Si tu as laidure ou difformité de corps, ne

Le conseil

pers pour cela le courage, ains pren peine à te farder, non la face, mais la pensée & l'entendement: afin que les vertus de l'ame, recompensent l'inelegance & difformité du corps. La beauté corporelle est vn don de nature, & de grande louenge: & toutesfois c'est peu de chose, si la beauté de l'ame n'y est cōioincte: pource que beauté sans bonté, est inutile & de peu d'estime.

De numine ne male loquare: quid sit autem ausculta.

Garde toy bien par tes parolles feinctes
De prophaner dieu, & les choses sainctes.

Tu dois bien sentir de dieu & de toute la saincteté de la religion chrestiéne. Ne te moque donc point de l'eglise, ny ne contemne ses sacrées ceremonies, desqlles si tu ne peulx entendre la raison, escoute ceulx ausquelz il appartient d'en parler, & qui ont la vraye cōgnoissance des choses diuines. Fuy aussi les disputes trop curieuses de la foy, & t'exerce à l'accomplissement des diuins commandemens: car disputer de vertu, & viure vitieuse-

des sept sages. xxiiii

ment, sont actes differens, dignes de reprehēsion, dont le faict donne argument de l'incōstance de la parolle.

Audito multa, loquere pauca.

Beaucoup escoute en ton entendement,
Mais parle peu, en disant sagement.

Tu doibs plus ouyr que parler: pource q̃ tu ne seras iamais reprins de te taire. La chose enquoy le fol ressemble mieulx au sage, c'est quand il se taist: car alors on ne congnoist sa follie. L'escripture saincte dit: Sois prompt à escouter, & tardif à parler: car il y a moins de peché à mal ouyr, qu'a mal rapporter. Quand la bouche veult parler, nous deburiōs mettre le doigt au deuant (comme dit le Poete) afin qu'elle ne profere chose qui ne soit honneste, & à l'instruction des autres.

Prius intellige: & deinde ad opus accede.

Aye premier du cas intelligence:
Puis uien à l'œuure en bonne diligence.

S'il te vient en la pensee de faire quelque chose, ou qu'il te soit commādé de faire, en-

Le conseil

tens premierement que c'est, & quelle en sera la fin: & si tu congnois qu'elle soit bonne, metz toy à l'execution de l'œuure. C'est ce que dit vn sage. Ce q̃ tu fais, fay le sagement, & regarde la fin, qui est la couronne de l'œuure. Si tu viens à l'œuure deuant qu'auoir pésé & entendu, si c'est bien ou mal faict, à grand' peine euiteras tu Repentance, Perte ou Moquerie.

Ne ob diuitias laudaris virum indignum.

Ne loue point l'homme pour sa richesse,
Qui n'a rien moins que uertu et noblesse.

Il n'est iamais defendu de louer vn hõme pour ses vertus: mais biẽ pour ses richesses temporelles, qui ne sont pas proprement à luy. Tout ce qui est en nous, comme Prudence, Iustice, Verité, bon Iugement, Fidelité, Patience & autres vertus, sont noz ppres biens, desquelz nous debuons estre louez & honnorez. Et tout ce qui est hors de nous, comme richesses, possessions, enfans, santé & autres prosperitez mõdaines, nous ne les tenons que par emprunt, iusques à ce qu'elles nous

des sept sages.

nous soyent ostées, & pour telles choses ne meritons gloire ne louenge. Ne loue donc homme, & mesmemēt le sot & indigne pour l'abōdance de ses richesses: car c'est affaire à vn flateur ou escornifleur de tables, qui loue autruy pour les richesses, & pour le proufit de soymesme. Cela ne se doibt appeller louenge, ains plustost honte & moquerie.

Persuasione cape, non vi.

Si de donner, quelcun uers toy s'efforce,
Pren hardiment, mais ne pren rien par force.

Ce n'est pas le faict d'vn homme prudēt de prendre aucune chose par force & contrainte: mais plustost par vne ferme opiniō & persuasion de soy, que telle reception sera à son honneur. C'est à dire: Quād tu prés quelque chose d'autruy, regarde commēt tu le prens: afin qu'apres tu ne te trouues deceu, & ne t'en repentes. Aussi pren ce qui de bō courage t'est donné, mais rien oultre le vouloir d'autruy.

Compara in adolescentia quidem modestiam, in senectute verò sapientiam.

Le conseil

La modestie est requise en ieunesse,
Et sapience appartient d'vieillesse.

Ieunesse de soy est legere, indiscrete, volage, temeraire, ignorante & sans conseil. Les adolescens donc doibuët deuant toutes choses estudier d'acquerir la vertu de modestie, laquelle est souueraine maistresse pour dire & faire toutes choses. Modestie doibt estre la reigle & mesure des ieunes hômes: car par icelle, ilz sont dressez aux offices des meurs & de vertu. Et lors qu'ilz viendrõt en l'aage de vieillesse, ilz seront plus capables à l'acquisition de sagesse, laquelle est le vray honneur & triumphe des vieilles gens.

¶ Fin des dictz de Bias.

CLEOBVLVS LYNDIEN

Leobulus philosophe Lyndiẽ viuoit en Grece du temps de Sedechias Roy de Iuda. Il auoit vne fille nõmée Cleobuline, laq̃lle garda virginité toute sa vie, & fut inueteresse de cest enigme. Vn pere à douze filz, chascun desquelz à trente enfans differens, & non semblables: pour ce que les vns sont blancs, & les autres noirs, & iaçoit qu'ilz soient immortelz, sont corrompus & deffaictz. Le pere est l'an, les filz sont les douze moys, chascun desquelz à trente iours, non pareilz: car les vns sont cours & froidz, & les autres sont longs & chaulds. Ilz sont immortelz, pource qu'estans faillis, tousiours recommencent: & si seront à la fin corrompus & finis. Iceluy Cleobulus trespassa l'an quatre vingtz de son aage.

Les dictz de Cleobulus.

Ne sis vnquam elatus.

Soit en public, ou soit en lieu priué,
Ne sois iamais par orgueil esleué.

Ne sois esleué par vaine gloire, & euite à ton pouoir les vaines & faulses louenges des hommes: car la conuoitise de gloire & elation de cœur, procede de folie & arrogance. Ce vice d'orgueil, est directement contre dieu: car à luy seul appartiét hôneur, gloi

D ii

Le conseil

re & louenge : & (comme dit l'escripture) dieu resiste aux orguilleux,& donne sa grace aux humbles.

Domus curam age.

Si tu veulx viure ainsi que de raison,
Pren cure et soing du train de ta maison.

C'est le propre d'vn pere de famille d'auoir le soing sur la chose domestique: afin q̄ par son administration, son bié soit augmenté. On dit en commun prouerbe, que le cheual s'engresse de l'œil soigneux de son maistre, c'est à dire, que toutes les choses de la maison se portent mieulx, quand le pere de famille y faict residence.

Libros euolue.

Pour la science et la doctrine apprendre,
Les liures ly, là tu pourras comprendre.

Addōne toy à lire les bōs liures: afin que par les escriptures des sages, tu sois faict sage & docte. Le temps que tu pers au ieu, tu le doibs employer à la lecture des bons liures, soit de l'escripture saincte, ou des sciences humaines. L'escripture saincte te donnera la cō gnoissance de dieu, quel il est en ses œuures, comme il t'a faict & creé, & pourquoy. Elle te monstrera ton salut, que c'est qu'il te fault faire, côme tu doibs embrasser vertu, & laisser le vice. Elle t'enseignera aussi la gloire des bons, & la punition des mauuais. Les sciences humaines consistent en philosophie morale & naturelle. Pren de la philosophie ce, qui appartient à l'entendement & augmentation des meurs, que tu trouueras aux liures des philosophes anciens, & d'aucuns poetes. Et principalement entre les autres, ly ce petit liure des sept Sages de Grece, contenant toute l'institution de la vie honneste & vertueuse.

Liberos tibi charissimos erudi.

A tes enfans donne l'enseignement
De bonnes meurs, pour uiure sagement.

Si tu aymes tes enfans lesquelz tu as euz de ton espouse, aye le soing de les enseigner, ou faire enseigner par gens saiges, en bonnes meurs & bonnes lettres: car c'est le plus grád tresor q̃ tu leur puisses acquerir, & lequel ne leur peult estre osté: & alors qu'ilz seront en aage, ce te sera grande côsolation, de les veoir gens de bien. Ce commandement est conforme à la doctrine de sainct Paul, qui exhorte

Le conseil

les peres à bien instruire leurs enfans en la discipline de nostre seigneur.

Iustè iudicato.

En chascun cas iuge par equité.
L'homme prudent ayme la verité.

Equité & droicture est merueilleusement requise & necessaire à vn iuge, voire pl⁹ que toutes les autres vertus: non seulement pour l'vtilité priuée, mais aussi pour la publique. Toy donc qui entreprens le iugemēt sur autruy en priué ou en public, iuge iustement, gardant le droict à qui il appartient.

Bonis benefacito.

Fay bien aux bons, & leur sois gracieux:
Sois aygre & dur, aux meschans vicieux.

C'est vn droict naturel de faire bien à ceulx qui font bien, & desquelz la vie est bōne & vertueuse. Les bōs meritent qu'on leur face bien: & au contraire les meschans ouuriers d'iniquité, imprudens, & hayneurs de vertu, ne desseruēt aucun bienfaict, & moins encore qu'on les ayme ny qu'on les hāte. Le biē requiert le biē, & le mal est suiuy du mal.

Suspitionem abiicito.

Fuy soufpecon & le foufpeçonneur:
Car auec luy on n'a que deshonneur.

Il n'est rien plus inconstant ny plus craintif, qu'vn homme souspeçonneur. Combien qu'il soit vif, à grand peine croit il qu'il viue: & luy est aduis q̃ tout ce qu'il a, qu'il le doibue perdre. Toutes choses luy apportent tristesse & melãcholie. Garde toy donc d'estre vaincu p̃ telles manieres de souspeçons: mais sois de fort & constant courage, si tu veulx viure en repos de ton esprit.

Aliena ne concupiscas.

Le bien d'autruy conuoiter tu ne doibs,
Encores moins en embrouiller tes doigtz.

Vy content de ce que tu as, & ne desire les choses qui ne sont pas à toy: car tant plus tu desireras, & plus tu te trouueras poure & indigẽt. Celuy qui a suffisance, est le vray riche: pour ce qu'il ne desire oultre ce qu'il peult, & se contente de ce qu'il a. Ce commandement est semblable au dernier commandement de la loy, qui defend de ne conuoiter la maison, le seruiteur, la chambriere, l'asne, le beuf, & generalement toutes choses appartenantes à son prochain.

D iiii

Le conseil

A maledicentia temperato.

Ne sois d'autruy mesdisant, detracteur,
Ny de ses faictz meschant accusateur.

Baille vn frein à ta langue, afin qu'elle ne die mal de personne. La langue mesdisante ressemble à vn chien qui abaye à chascun: & n'y a en ce monde chose plus dangereuse & pernitieuse que la mauuaise langue.

Parentes patientia vince.

A tes parens ne fay point uiolence:
Endure d'eulx par bonne patience.

Il no9 fault endurer les facheries & courroux de noz parens par patience. S'il aduiēt quelq̄ fois que ton pere ou ta mere se courroucent à toy, garde toy de leur respondre dures parolles: ains plustost auec humble regard & la voix basse endure leurs parolles, voire leurs batures : & tu apperceueras que tu les auras vaincus.

Beneficii accepti memento.

Ton bienfaicteur doibt estre satisfaict,
Recongnoissant le bien qu'il t'aura faict.

Aye memoire du bienfaict que tu auras receu de ton amy : afin que tu luy rendes le pareil de bon cœur en temps opportun : &

que par ce moyen tu ne fois eſtimé ingrat:
car celuy qui ne recongnoiſt, & oublie les
biens qu'on luy a faictz, n'eſt pas digne que
encores on luy face plaiſir.

Inferiorem ne reiicias.

N'aye en deſdaing le moindre en qualité,
Quand il dit choſe à ton utilité.

Tu ne doibs despriſer tõ inferieur, ny reiecter l'admoneſtemẽt & cõſeil de celuy qui
eſt moindre q̃ toy: car ſouuenteſſois c'eſt celuy qui dit les meilleures choſes. Quand vn
tel perſonnage te conſeillera, reçoy ſa parolle, & n'aye regard à ſa qualité: pource que
c'eſt ſigne d'arrogance de reiecter le conſeil
d'autruy, quand il dit bien.

Ne teipſum præcipites in diſcrimen.

Soit pour amy, ou ſoit pour eſtranger,
Ne te metz point follement en danger.

C'eſt temerairemẽt & audacieuſement
faict de te mettre au peril qui eſt en ta preſence, & attenter à celuy que tu cõgnois qui
doibt aduenir. Ne te laiſſe donc tomber follement en danger, ains premieremẽt q̃ de t'y

Le conseil

p̄senter, voy cõmēt tu en pourras eschapper.

Res amici dilige: & perinde serues, vt tuas.

De ton amy ayme les choses siennes,
En les gardant, tout ainsi que les tiennes.

S'il est vray que toutes choses soyēt communes entre les amis, certainemēt aucun ne doibt doubter que nous ne debuiõs garder les choses appartenantes à noz amys, ainsi q̄ les nostres propres. Et (comme dit Plaute) là ou sont les bons amis, là sont les richesses.

Quod oderis, alteri ne feceris.

Ce que tu hays contre toy estre faict,
Ne le metz point contre autruy d'effect.

Ne desire faire à autruy ce q̄ tu ne vouldrois qu'on te feist: c'est la loy appellée Le droit des gens, confirmée par nostre sauueur en l'euangile. Parquoy ne desire à autruy ce que tu as en hayne pour toymesme.

Ne cui miniteris: est enim muliebre.

En ton courroux n'iniurie ou diffames
Iamais aucun, car c'est d faire aux femmes.

N'vse point de menaces ou iniures cõtre

personne: mais endure & te tais, car de faire autremēt c'est ressembler aux fēmes, lesq̄lles en leurs caquetz & discentions n'vsent que de menaces & parolles iniurieuses.

Citius ad infortunatos amicos, quàm fortunatos proficiscere.

Tu trouueras le poure amy moins chiche,
Voire plus prompt au besoing que le riche.

Si tu as à faire de la diligence ou peine d'autruy, va plustost aux poures amis qu'aux riches. Certainemēt tu trouueras le poure amy plus facile & voluntaire à te faire seruice au besoīg, que le riche. Tout au cōtraire (dit Plaute) Si tu fais quelq̄ plaisir à vn riche, cela luy sera plus leger qu'vne plume: mais si tu luy fais quelq̄ offense, il trouuera cela plus pesant q̄ le plomb, & s'en vengera s'il peult.

Lapis, auri index: aurū, hominum.

Pierre de touche est de l'or vraye espreuue:
L'homme par l'or bon ou mauuais se treuue.

Tout ainsi que la pierre de Lydie par son attouchement discerne l'or d'auec l'or, tout ainsi l'or & les richesses demonstrent l'homme quel il est. Plusieurs par l'abondance des

Le conseil

richesses se descongnoissent, & font des œuures contraires à l'honnesteté. Et (cóme dit Tibule) le plus souuét les vices sont compagnons de l'or. Le trop grand soing de posseder l'or & les dignitez (dit Lucretius) tourmentent grandement la vie des hommes, & leur fait esmouuoir les batailles. Pource que l'or fait perpetrer toutes meschansetez (dit Plaute) ie l'ay en merueilleuse hayne. Virgile parlant du desir des richesses, l'appelle la faim sacrée: qui presse & contraint les pésées des hommes mortelz. Apuleius appelle l'or metal execrable & vilain: pource que par luy les hommes exercent toutes iniquitez: & par iceluy sont approuuez meschans. Au contraire, les hommes de bien estiment la vertu tresgrande, & les richesses trespetites: pour lesquelles ilz ne vouldroyent faire chose qui tournast à leur deshonneur. Et (comme dit Horace) tout ainsi que l'argent est plus uil q̃ l'or, semblablement l'or est beaucoup de moindre pris que la vertu. Garde toy donc que par la possessió d'or & d'argent, ou par le desir d'en auoir tu n'exerces les œuures p̃ lesquelles tu pourrois estre iugé meschant & vicieux.

Voto nihil pretiosius.

Rien n'est meilleur que ueu à dieu promis:
Rien n'est plus sainct, quand il est à fin mis.

Faire veu est vne tresbonne chose, mais rendre son veu à dieu, est vne œuure tressaincte. Ne fay veu legerement & pour peu de chose: & quand tu auras voué, ren tō veu à dieu, car tu y es tenu & obligé.

Mendax calumnia vitam corrumpit.

Le plus souuent mensonge & calumnie
Gastent les meurs, & corrompent la uie.

Controuueurs de mensonges & crimes, & calumniateurs de l'honneur d'autruy, dōnent apparēce à chascun que leur vie est deprauée & corrompue. Quelle chose est plus mal seante & non conuenable à vn homme, que calumnie? Le calumniateur qui detracte d'autruy, est detracté des autres: & à grande peine celuy qui l'escoute vouldroit il iamais mettre son honneur entre les mains d'vn tel mesdisant. Quiconque s'accoustume à mal dire d'autruy, il fait sa vie meschante & maleureuse.

Le conseil

Mendaces odit quisquis prudens ac sapiens.

L'homme prudent doibt hayr les menteurs,
Les inconstans, rapporteurs & flateurs.

Dieu, qui est uerité, a defendu menterie: parquoy les menteurs sont grandement à hayr. Le ieune homme qui s'accoustume à mentir il fait voye & ouuerture à tous vices, par lesquelz la vie est maculée & enlaidie.

¶ Fin des dictz de Cleobulus.

PERIANDER CORIN-
thien.

Periander Philosophe de Corinthe, a escript plusieurs doctrines vtiles, & bós enseignemens, en deux mile vers. Il estoit en grand bruit & renommée du temps de Sedechias roy de Iuda: & mourut en l'aage de quatre vingtz ans.

Les dictz de Periander.

Omnibus placeto.

Sois agreable & bon d'tout le monde,
Et fay qu'en toy toute doulceur abonde.

Estudie toy deuant toutes choses d'auoir la grace de chascun. Fay plaisir à tous:& te garde q̃ par ta coulpe tu n'offenses persõne.

Bona res, quies.

Repos d'esprit, & la tranquillité
Apporte au corps plaisante utilité.

Trãquillité d'esprit & de pẽsée est grãdemẽt necessaire à la santé. Au cõtraire, inconstãce & trauail d'entendemẽt sont merueilleusement molestes & facheuses à porter: & biẽ souuẽt la santé ou maladie du corps ꝑce dẽt ꝑ la disposition ou indispositiõ de l'ame.

Periculosa temeritas.

Temerité folle & audacieuse
Est à la fin mauuaise & perilleuse.

Temerité ou folle hardiesse fait entreprẽdre grãdes choses à l'hõme sans aduis & cõseil: au moyẽ dequoy il chet en peril & dãger de sa ꝑsonne, ou de son biẽ, ou de sõ hõneur.

Sẽper voluptates sunt mortales, honores autem, immortales.

Le conseil

Vertu florist par immortelle gloire,
Mais volupté est brieue & transitoire.

Les voluptez & delectations en toutes choses, perissent bien tost: mais honneur qui succede à la vertu du courage, demeure tousiours, & iamais ne se passe. Fuy donc volupté, laquelle est la viande des mauuais (dit Platon) par laquelle sont prins les hommes, côme les poissons à l'ameßon: & embrasse vertu, laquelle (dit Ciceron) ne peult estre changée par aucune mutation des temps.

Amicis aduersa fortuna vtentibus, idem esto.

Vers tes amys en leur aduersité
Doibs estre tel, qu'en leur prosperité.

Sois de semblable courage vers ton amy au temps de sa mauuaise fortune, que tu estois premierement, quand il estoit en sa fortune prospere. C'est à dire. Tu ne doibs laisser, ny oublier ton amy pour quelque aduersité qui luy aduienne. Ouide taxant telle faulse amitié, qui delaisse l'amy au besoïg disoit.

Si tu es bienheureux, amys auras au double:
Mais tu seras tout seul, si le beau temps se trouble.

Lucrum

Lucrum turpe, res peſſima.

D'acquerir biens meſchamment te deſplaiſe:
Car gaing uilain, eſt choſe treſmauuaiſe.

Tu doibs ſuſtenter ta vie par le moyen d'vn gaing honneſte & licite : car c'eſt choſe vilaine & mauuaiſe, d'acquerir richeſſes deſhonneſtement, deſquelles à grād peine peult iouyr le troiſieme heritier.

Quicquid promiſeris, facito.

En ton parler n'acquiers point d'ennemys:
Tien à chaſcun ce que tu as promis.

Il ne te fault pas auoir deux langues: l'vne pour promettre, & l'autre pour nier. Demeure ferme en ta promeſſe, ou ne ſois ſi leger à promettre, que tu ne le vueilles tenir : afin qu'on ne die de toy, que ta promeſſe ſoit pl⁹ legiere que la plume, ou plus incōſtante que la girouette qui tourne à tous vens.

Infortunium tuum celato, ne voluptate afficias amicos.

Cele ton mal au hayneur enuieux,
A celle fin qu'il n'en ſoit point ioyeux.

S'il te ſuruient quelque petite aduerſité,
E

Le conseil

tu la doibs celer en ton courage, & non la manifester: afin que tu ne sois occasion de faire resiouyr tes ennemis, qui ne desirét que ta destruction. Car lors que tu apperceurois qu'ilz en fussent ioyeux & se moquassent de toy, tu serois affligé doublement.

Veritati adhæreto.

Sois ueritable au cœur & en la bouche,
Car le menteur est digne de reprouche.

Soit en parolles familieres, ou que tu sois esleu iuge pour vuider quelque cõtrouersie, adhere tousiours à verité: & ne pren iamais plaisir à faulseté ny à mensonge.

Age quæ iusta sunt.

Fais equité, & accomply iustice,
Dieu te sera adiuteur & propice.

En toutes tes œuures ensuy iustice & equité, pour rendre à chascun ce qui luy appartient. Iustice (dit Aristote) rend honneur à dieu & aux princes, ayme son pays & ses parens, fait bien à chascun, & ne fait tort à personne. Elle hayt les vices, & a trois belles vertus pour cõpaignes, Saincteté, Verité & Foy.

Violentiam oderis.

des sept sages.

A ye en desdaing effort & uiolence:
Et metz du tout rigueur d nonchalance.

Ne fay rien par force & violéce, ains par doulceur & debónaireté. Le rigoureux merite rigueur, & le debonnaire dessert amour & doulceur. Bieneureux sont les debonnaires(dit le sauueur)car ilz possederőt la terre.

Principibus cede.

Aux grans seigneurs obeissance porte:
Et n'use point encontre eulx de main forte.

Ne resiste aux plus puissans : & porte de bon courage les faictz, edictz & ordonnances de ton prince, sans y côtreuenir:car il luy fault obeir (dit sainct Paul) voire & fust il mauuais.

Voluptati tempera.

Tempere en toy plaisirs & uoluptez,
Et donne frein à tes charnalitez.

Sois modeste & temperé en ta volupté, & ne te resiouy trop:car tristesse & pleur(dit le Sage) succede à la ioye, & occupe les extremitez d'icelle. Et apres que la volupté est passée (dit Ciceron) elle n'est à rien comptée.

A iureiurando abstine.

E ii

Le conseil

Garde toy bien, sans cause, de iurer:
Ne vueille point aussi te pariurer.

L'escripture dit, que nostre dieu ne tiendra point pour innocēt, celuy qui aura prins son nom en vain. Ostons ceste accoustumance de iurer, par laquelle nous nous pariurons legeremēt, qui est appeller dieu tesmoing de faulseté. Euitons ausi les blasphemes, pour lesquelz dieu enuoye ses punitions en terre. Et en noz colloques familiers n'affermōs rien auec iurement.

Pietatem sectare.

A ton pouoir, sois bon & catholique:
Sans consentir à quelque chose inique.

Sois deuot & vray religieux enuers dieu, & ses sainctz Ne sois en doubte de toutes les choses qui appartiennēt à nostre foy & creance: afin que tu ne trebuches en erreur & heresie: ains d'vn sainct & deuot courage, garde tout ce qui est commandé en nostre religion chrestienne. Car qui default en l'vn des commandemens (dit sainct Iaques) il offense en toute la loy.

Laudato honesta.

Donne louenge à toute chose honneste,
Blasme le mal, & uice deshonneste.

Nous auons trois sortes de biens: Le biẽ vtile, le bien delectable, & le bien honneste. Le bien honneste prent sa source des quatre fonteines morales, Prudéce, Iustice, Force & Téperance: lesquelles vertus dressent l'homme aux offices d'honnesteté & bonté. Aye donc en recõmandation, & extolle par louenges, tout ce que tu verras honneste, decét, honnorable & vertueux: & te garde de louer ce qui sera illicite & deshonneste.

A vitiis abstine.

Pour ton salut, retire toy de uice,
Qui est yssu d'ignorance & malice.

Garde toy de cheoir en aucun crime, grãd ou petit: afin que tu ne sois appellé mauuais: & aussi que tu doibs estre certain que dieu ne laisse aucun peché impuny. Si tu as ces deux considerations, que peché desplaist à dieu & aux gens de bien: & que tout vice porte sa peine téporelle ou eternelle auec soy, tu n'offenseras point. Horace disoit à ce propos,

Bon & mauuais ont le peché en hayne:
L'un pour uertu, & l'autre pour la peine.

Le conseil

Le Sage aussi donne ce remede côtre les vices. Aye(dit il) tousiours souuenance des choses dernieres, & tu ne pecheras iamais. Ces choses dernietes sont la mort, le iugement, paradis & enfer.

Beneficium repende.

Quand on t'a faict un plaisir ou seruice,
Ren le guerdon, du receu benefice.

Aye souuenance du bien qui t'a esté faict: en rendant la pareille: afin que tu ne sois appellé ingrat, & que tu ne perdes tes amis. A ce propos Plaute à escript ces sentences. Le bien faict au bon, n'est iamais perdu. Le benefice doibt estre rendu d'aussi bon courage, qu'il a esté donné. L'homme est meschant qui sçait prendre vn bienfaict, & ne le sçait rendre. Le plus ingrat de tous, c'est celuy qui oublie le receu benefice, ainsi que font ordinairement les riches.

Supplicibus misericors esto.

Alors qu'aucun te viendra supplier,
Vueille sur luy ta pitié employer.

Ne sois seuere ou rigoureux, à celuy qui te supplie de luy dõner pardon, ains remetz luy sa faulte tout incontinent: si tu veulx que ton pere qui est aux cieulx te pardonne. Nostre sauueur disoit : Biē eureux sont les misericordieux, car ilz auront misericorde. Misericorde est vne des belles vertus, qui puisse reposer au courage de l'homme: & quiconque sera pitoyable & misericordieux, il n'encourra iamais sentence de rigoureux iugement.

Liberos institue.

Tousiours enseigne en uertu tes enfans:
Blasme leur uice, & peché leur defens.

Aye le soing d'acquerir vertu & science, à tes enfans: & leurs fais apprendre les lettres ou autres artz mecaniques, esquelz tu les verras enclins par nature: afin qu'ilz puissent hōnestement passer ceste vie, & te donnent cōsolation en ta vieillesse.

Sapientum vtere consuetudine.

Si en tes faictz ne ueulx point d'amertume,
Ensuy tousiours des sages la coustume.

Vse du conseil des hommes sages & doctes, & hante leur cōpagnie: afin que tu puisses tousiours apprendre quelque chose de bon. Fuy la cōpagnie des mauuais, desquelz tu ne peulx apprendre que mal. Bieneureux

Le conseil

est l'hõme(dit le Prophete)qui n'a point assisté au conseil des meschans,& ne s'est asis en la chaire de pestilence ou moquerie.

Litem oderis.

Tu doibs hayr toute noise & querelle,
Car il ne vient que ruyne par elle.

Ne sois prõpt & enclin à susciter noises & debatz, & fuy toutes quereles & procés:autrement tu ne peulx euiter de deux choses l'vne,ou toutes deux. Hayr ton prochain,& le destruire:ou consumer tes richesses,& vser ta vie en moleste & facherie, perdãt la tranquillité d'esprit. Paix & noise sont merueilleusemẽt differẽtes,& ont deux diuerses fins.

Petites choses par Concorde
Croissent en grand' prosperité:
Les grandes choses par Discorde,
Tombent en grieue aduersité.

Ciceron disoit à ce ppos: Qui est la maison tant bien fondée & riche, ou la cité tant forte & biẽ peuplée,qui ne soit perie & subuertie par haynes, noises & quereles? Il n'y en a point : car toutes choses(dit le poete Ennius)qui sont accompagnées de hayne & de discorde,il conuient qu'elles perissent.

Bonos in pretio habeto.

Les gens de bien soyent de toy chers tenus,
Et leurs conseilz receuz & maintenus.

Tu doibs auoir en reuerence & aymer ceulx qui sont sages & viuét bien:& ne tenir compte de ceulx qui sont mauuais, & viuent mal.

Audi quæ ad te pertinent.

Tout ce qui est à ton utilité,
Ou ton honneur, soit par toy escouté.

Entens à ce qui t'est dict pour ton honneur, & escoute ceulx qui t'admonestent de ton proufit:afin de le mettre à execution. Qui desprise le conseil qu'on luy donne, il fait tout ainsi que celuy qui a receu quelque chose pretieuse qu'on luy a presentée, & la va iecter dedans le fiens & ordure,sans en tirer autre commodité.

Probrum fugito.

A ton pouoir fuy scandale & diffame,
Gardant tousiours ton bon renom & fame.

Euite les choses par lesquelles tu pourrois auoir deshonneur à l'aduenir: & te garde de faire ne dire chose dót tu peusses auoir scandale & reproche, & dequoy repentance

Le conseil

s'en pourroit ensuiuyr.

Responde in tempore.

Soit la demande ou sote, ou raisonnable,
Respons en temps, & en lieu conuenable.

Si tu es interrogué d'aucune chose, ne respons tant hastiuement: pource que c'est la maniere d'vn hôme leger & incôstant. Ains penses y premierement, puis respons quand il sera licite. Il se fait plusieurs sotes demandes indignes qu'on y face responce.

Ea facito, quorum non possis pœnitere.

Fay hardyment du tout à ta plaisance
L'œuure qui n'est suiuy de repentance.

Les sages font leurs œuures de longue main, & les imprudens les precipitent. Plaute dit: Ne fais aucune chose auiourdhuy, dôt tu te repentes demain.

Ne cui inuideas.

Aux biens d'autruy, à l'honneur, à la vie,
Ny à ses faictz, ne porte point d'enuie.

Les Tyrás de Sicile (dit Horace) ne trouuerent onc plus grief tourment, que l'enuie: parquoy dône toy garde d'estre enuieux sur

des sept sages. xxxviii

la bonne fortune & prudence d'autruy. Vy sans enuie(dit Ouide)& passe tes ans sans appetit de gloire, en te cóioignant aux amitiez pareilles & reciproques.

Oculis moderare.

Conduy tes yeulx en telle modestie,
Que la raison n'en soit point subuertie.

Destourne tes yeulx (dit le Psalmiste) q̃lz ne voyent vanitez. Modere les en telle maniere, qu'ilz ne puissent apperceuoir aucune meschanseté & iniquité. Les yeulx sont les fenestres par lesquelles la mort entre dedans l'ame. J'ay faict (dit Iob) vn pact auec mes yeulx, qu'ilz ne regarderõt chose q̃ me puisse maculer. Nostre sauueur disoit: Si ton œil te scãdalise, arrache le. Il te vault mieulx entrer borgne au royaume celeste, qu'auec les deux yeulx estre mis en la gehenne du feu.

Quod iustum est, imitare.

Il est decent pour honnestement uiure
Fuyr le mal, & chose iuste ensuiure.

Ceste vertu d'honnesteté est moult à recommander pour l'institution ciuile. Fay donc & ensuy les choses que tu iugeras estre bonnes, iustes & honestes. Ceste reigle

Le conseil

conseruera ta renommée en la bouche des hommes.

Bene meritos honora.

A ceulx qui ont merité quelque bonneur
De los & pris, sois liberal donneur.

Fay honneur & reuerence aux gens de bien, & à ceulx qui en sont dignes: pareillement à ceulx desquelz tu as autrefois receu quelque benefice. Tu doibs aussi honorer les vieulx & anciens, tant pour la reuerence de leur aage, que pour la sagesse & vertu qui doibt estre en eulx.

Spes foue.

Reigle ta vie, auecques l'esperance
D'auoir tousiours du bien en abondance.

Espere tousiours bien. Vy en esperance q̃ dieu ne te delaissera point, si tu es vertueux. Dauid disoit: I'ay esté ieune, & suis deuenu ancien, mais ie ne vey iamais le iuste delaissé de dieu. Aye donc ferme esperance en nostre seigneur, que si tu fais ses commãdemẽs, & ce qui est en toy, par sa grace, il ne t'oubliera point, & te colloq̃ra en la fin de tes iours en la vie eternelle.

Calumniam oderis.

des sept sages. xxxix

D'aucun ne sois le calumniateur,
Ny de sa vie aussi diffamateur.

Tu ne doibs calumnier l'honneur ny la vie d'autruy, en controuuant mesonge. Tu ne doibs aussi vexer ny persecuter personne en procés, en le defraudant & frustrāt de ses droitz. Dauātage tu te doibs abstenir de diffamer aucun par voyes peruerses & maiicieuses: car toutes ces choses sont cōtre la vertu de charité.

Affabilis esto.

A toutes gens sois humain & affable,
Ioyeux, courtois, bening & amyable.

Monstre toy facile & courtois en toutes choses. Considere les compagnies ou tu te trouueras: poise leurs parolles & affections, afin que tu te puisses monstrer ioyeux, humain & affable enuers tous.

Cùm erraris, muta consilium.

Quand tu auras aucune erreur commise
En quelque faict, mue ton entreprise.

Si tu as failly en quelque chose par improuidence, n'aye honte de diuertir & changer ce que tu auois cōmencé ou proposé de faire. Cōmettre quelque faulte n'est pas de si

Le conseil

grande imprudence, que de ne vouloir retourner au chemin de verité.

Diutinam amicitiam custodi.

Garde amitié de long temps commencée,
Qu'elle ne soit esteincte & effacée.

Amitié acquise & confirmée de lõg têps doibt estre soigneusement gardée qu'elle ne soit interrõpue pour quelq̃ occasiõ q̃ ce soit. L'amitié qui a l'honesteté pour prīcipal obiect, à grande peine peult elle estre dechirée : elle peult bien estre descousue, mais elle se peult reioindre par bienfaictz & doulces parolles. Nous disons ordinairemēt q̃ l'amitié qui se peult finir, ne fut iamais bien commencée. Si nous auons donc vn vieil amy, nous le debuons garder comme chose pretieuse.

Omnibus teipsum præbe.

Pour plaisir faire, & seruir toute gent,
D'un cœur ardent sois prompt & diligent.

Sois prõpt à faire plaisir & seruice à to⁹. Monstre toy prest & facile enuers chascun: afin d'acquerir amitié & bonne renommée. Quicõque vse de telle facilité, à grãde peine sera il refusé quãd il se trouuera en necessité.

des sept sages. xl

Concordiam sectare.

Garde toy bien d'esmouuoir guerre & noise,
Ains suy concorde & amitié courtoise.

Aye ce regard de nourrir concorde & amitié entre les cōpagnies ou tu te trouueras Et quād il se fera quelq̄ accord & appoinctement, n'y vueille contreuenir, afin qu'on ne die qu'il ait tenu à toy, & que tu sois vn semeur de noises & quereles.

Magistratus metue.

Crain d'offenser par quelque faict oblique
Les gouuerneurs de la chose publique.

Il fault que tu craignes ceulx qui ont les offices & charges du bié public, en leur portant hōneur & reuerence: pource qu'ilz sont tes superieurs en l'administratiō de ce q̄ cōcerne le bié vniō & vtilité de la cōmunauté ciuile. Et aussi qu'ilz ont esté instituez par le prince ou par le cōmun cōsentemēt de tous: pour leur estre exhibé seruice & obeissance.

Ne loquaris ad gratiam.

Par toy ne soit prononcé mot aucun,
Pour auoir grace & faueur de quelqu'un.

Ne dy aucune parolle pour auoir la grace des hommes, & ne prononce aucun pro-

Le conseil

pos dont tu te puisses promettre la faueur de quelque personne, principalement contre verité : car telle maniere de dire est suspecte de flaterie & assentatió, qui s'estudie de complaire à autruy.

Ne tempori credideris.

Au temps present, ne pren fiance aucune,
Tout est subiect au pouoir de fortune.

Ne te fie à la prosperité du temps present pource qu'il n'y a chose plus muable & instable que le temps: lequel semble te promettre beaucoup de belles choses, & à la fin tu te trouues au pié du mur sans eschelle, delaissé de l'ayde de bône fortune, repeu de vaine esperance, & frustré de tes intentions. Donne donc ordre à ce, que tu sois pourueu contre toute aduersité qui te pourroit suruenir.

Teipsum ne negligas.

Ne sois point lasche & negligent de toy,
A cœur failly, il ne luy chault de soy.

Le droict chemin de l'ospital, c'est faulte de prendre garde à soy : & n'auoir soing de ses affaires, pour y donner ordre, à ce qu'on face de tout son proufit. Aye donc soing de toymesme : & ne sois nôchalât es choses qui concercōcernēt ton vtilité, ou la santé de tō corps.

Seniorem reuerere.

Aux anciens remplis de sapience,
Tu doibs porter honneur et reucrence.

Nous debuons honnorer les vieulx pour leur aage, longue experience, sagesse & bon cōseil qu'ilz ont. On dict des vieilles gēs que quand leurs yeulx corporelz commencent à perdre la veue, c'est au temps que les yeulx de l'esprit voyent & regardent plus clairement : afin de laisser le mal, & eslire le bien : à raison dequoy, nous leur debuons faire hōneur & obeissance.

Mortem oppete pro patria.

Plustost mourir de franche uolunté,
Que du pays perdre la liberté.

Ne crain point de t'exposer en tous dangiers, voire iusques à la mort, pour la defense & liberté de ton pays, quand il en sera necesité. A ce propos dit Caton, bataille pour ton pays. Ce commandemēt a esté soigneusement obserué par les anciens Grecz, Rommains & autres peuples, dōt les exēples sont par tout assez amples & cōmunes parmy les hystoires.

F

Le conseil

Ne quauis de re doleas.

De quelque mal qui t'aduienne ou oppresse,
N'en prens ennuy, fascherie & tristesse.

Tu ne doibs pas porter toutes tes mauuaises fortunes p̄ egale & semblable tristesse. Aucunes sont qui doibuēt estre portées auec vn fort & ferme courage. Les autres sont si grādes qu'a peine peuuent elles estre endurées, sans grande douleur & moleste. Brieuement c'est vn signe d'homme inconstant & de leger courage, de ce douloir egalemēt de toutes ses calamitez.

Ex ingenuis liberos crea.

Femme prudente & bonne doibs choisir,
Pour en auoir enfans à ton desir.

Si tu veulx auoir des enfans dociles, honnestes & de bon esprit, pren femme de bon lieu, qui soit sage, prudēte, & bien composée en son entendement: née en liberté, & complexionnée selon les bonnes meurs: car de tel arbre, procede voluntiers bon fruict.

Sperato tanquam mortalis.

Durant tes iours, l'espoir doibt estre tel,
Qu'en esperant tu te penses mortel.

Tu doibs estre cōduict & mené par espe-

des sept sages. xlii

rance, de telle sorte que de tout ce que tu esperes, tu n'en attendes rien de perpetuel en ce monde : car auec ton esperance, il te fault tousiours penser estre mortel, & homme subiect à instabilité. C'est ce que dit Horace.
Entre l'espoir, soing, crainte, ire, & enuie:
Croy chascun iour estre fin de ta uie.

Toutesfois nous croyons & esperõs qu'apres la mort, il y a la vie eternelle pparée de dieu aux iustes, dés la cõstitution du monde.

Parcito tanquam immortalis.

A ton prochain pardonne, & luy fay grace.
Comme tu ueulx que l'eternel te face.

Pardonne de bon cœur à celuy qui t'aura offensé: non pas entant qu'homme mortel (qui ne quiert que vengeance,) mais comme immortel, à l'imitatiõ de dieu, qui nous à dõné ce cõmãdement exprés, de pardonner les vns aux autres: lequel aussi nous pardõne & remet noz offenses, ainsi qu'il veult que nous facions à noz prochains.

Ne efferaris gloria.

Tu ne doibs point conuoiter uaine gloire,
Ce n'est qu'un uent leger & transitoire.

F ii

Le conseil

Garde bien de t'alecher ny prendre plaisir en l'attente de faulses louenges qu'on pourroit dire de toy: & ne desire aucunemēt par arrogance, la vaine gloire de tes bonnes œuures: car à dieu seul appartient honneur, gloire & louenge.

Arcanum cela.

Si tu ueulx faire acte d'homme discret,
Ne uueille point reueler ton secret.

Ne manifeste point ton secret ou ton cōseil, afin qu'il ne soit descouuert à tous: car il aduient bien souuent qu'on change d'intention, & qu'il y a cōtrainte de laisser les choses commēcées. Aussi ne reuele point ce qui t'a esté dict & enchargé en secret: car autrement tu es indigne d'auoir le nom d'amy, & de prudent.

Cede magnis.

Donne le lieu & le droict pour le mieulx
Aux gens scauans, aux riches, & aux uieulx.

Ne pren iamais querele contre pluspuissant que toy. Aussi prefere tousiours à toy (en quelque chose que ce soit) celuy qui est plusgrand, ou d'aage, ou de doctrine, ou de puissance.

Opportunitatem expectato.

Quand tu uouldras quelque chose entreprendre,
Temps opportun & propre doibs attendre.

Ne sois leger ou temeraire, trop hastif, ou trop tardif à l'accomplissemēt de tes œuures: ains prēn le temps que tu verras opportun, & l'occasion quand elle s'offrira pour dire & faire ce qui est de necesſité à l'administration de tes affaires.

Mortalia cogita.

Pense en ton cœur combien durent, & quelles
Sont icy bas toutes choses mortelles.

La prudence de l'homme gist en la consideration de dieu, de soy, & des choses mortelles de ce monde: lesquelles bien pesées en la balance d'equité & certain iugement, se trouueront beaucoup foibles & legieres au regard des biens eternelz: à raison dequoy nous les debuons quitter, pour esleuer nostre cœur en la felicité celeste, par esperance de la posseder. Ceste sentēce aussi peult estre ainsi entēdue, Pense aux choses de ce monde, sans estre trop curieux de t'enquerir des secretz celestes qui sont par dessus toy, qui est conforme à ce que dit Caton. Toy homme mor

Le conseil

tel, aye soing des choses mortelles, & ne t'enquiers point des secretz de dieu, ny que c'est du ciel & ce qu'il contient.

Largire cum vtilitate.

Monstre à ceulx là ta liberalité,
De qui tu peulx auoir utilité.

Ne degaste point ton biē tēporel par excessiue liberalité, & prodigue largesse: ains donne & eslargy de tes biens à tes amis, qui le recongnoistront auec recompense. C'est le faict d'vn sot & imprudent, de mal asseoir & employer ses bienfaictz.

Ne prior iniuriam facias.

Vn noble cœur dißimule & endure,
Et ne dit point iamais premier iniurè.

Si tu as opinion contraire à vn autre, ou que tu ayes quelque querele, ne dy iamais iniure le premier, voire & fusses tu le premier assailly: car de telles iniures procedent inimitiez, & bien souuent batures & meurtres.

Dolorem fuge.

Quelque combat que te liure maleur,
Pren bon courage, & chasse la douleur.

Tu ne te doibs commouuoir immoderément, pour les aduersitez: ains d'vn constant courage doibs porter toutes les fafcheries qui te pourroient suruenir. C'est le faict d'vn homme intemperé & mal cõseillé, de se tant courroucer de ses aduersitez, qu'il en soit pis à la santé de son corps.

Mortuum ne rideto.

Ne sois iamais moqueur des trespassez:
Prie pour eulx, car leurs iours sont passez.

Se moquer des trespassez & les auoir en derision, est le signe d'vn homme meschant, aiant la pensée mal saine & erronée. Dauantage quiconque faict epitaphe diffamatoire d'vn trespassé, il donne argumét de soy qu'il est indigne d'honneur & de priere apres sa mort. Sy donc tu ne veulx louer les mortz ie te conseille de te taire plustost que d'en mal parler.

Amicis vtere.

Pour subuenir en tes cas & affaires,
Vse d'amis, ilz te sont necessaires.

Au besoĩg cõgnoist on l'amy: Il le fault dõc emploier & vser diceluy ou la necessité le requiert, tout ainsi qu'on se sert de la monnoie selon que les affaires suruiennent.

Le conseil des sept sages.
Consule inculpatè.

Donne conseil si tu en es capable.
Si sagement que tu ne sois coulpable.

Donne & pren conseil bon & vtile, afin que s'il aduenoit quelque chose de trauers, en la matiere consultée, tu peusses estre exempt de coulpe, & qu'aprés tu n'en fusses reprins.

Delecta amicos.

Donne soulas & ioye à tes amis,
De les fascher il n'est iamais permis.

Sois ioyeux & delectable vers tes amys, & t'estudie à les resiouyr, à les garder en ton amour, & à leur bien faire en tout temps.

Plus que moins.

FIN DES DICTZ
des sept Sages de Grece.

Enseigne-
MENS MORAVLX.

¶EXHORTATION
à Sapience.

Qvi gardera en son cœur Sapience,
Qui apprendra vertueuse science,
Et qui sera de doctrine amoureux,
Certainement il sera bien eureux.
Acomplissez les œuures de Prudence,
Mettez Vertu tousiours en euidence,
Qui vous fera eureusement regner,
Et par dessus fortune dominer.
L'œuure de l'homme apres sa mort le suyt
Lors que chascun le dechasse & defuit:
Sy l'œuure est bonne il a vie eternelle
S'il a mal faict, peine perpetuelle.

Enseignemens
D'auoir discretion en ses œuures.

Soiez discretz, l'honneur de dieu cerchát
Discretion est vn glaiue trenchant,
Pour separer le mal d'auec le bien:
Laissez le mal qui de soy ne vault rien,
Faictes le bien, la couronne s'appreste
Pour le loier d'vne gloire celeste.

De la crainte & amour de dieu.

Ayez tousiours au deuant de voz yeulx
De dieu la craîte, & n'en vauldrez q́ mieulx,
Car qui craint dieu, il trouue Sapience,
Et n'apprent point la mauuaise science
Des folz mondains: & auec telle crainte
Il fault auoir la vraye amour sans fainte,
Amour de dieu, à faire bien inspire,
Crainte de dieu, de peché nous retire.

moraulx.
De l'amitié fraternelle.

Aymez l'vn l'autre, en vraye charité:
O le grand bien que de fraternité,
Et estre vnys par amour & concorde:
Vn tel lien & fraternelle corde
Ne permet point que l'vn à l'autre face
Nō plº q̄ l veult qu'on luy die & pourchasse.

Des œuures deues au prochain.

Reconfortez les poures desolez,
Ceulx q̄ ont faī soyent de voz biēs saoulez,
Les pelerins soyent par vous retenus
Pour les loger, & reuestez les nudz.
Les prisonniers soyent par vous visitez,
Aux indigens de vostre argent prestez,
Donnez santé aux malades debiles,
Ne trompez homme en voz causes ciuiles,
Les creanciers payez sans retenir,
Si vous voulez en richesse venir.

Enseignemens
⌘INSTRVCTION
pour les Princes.

O Rois mortelz, tout ainſi que voulez
Eſtre obeis, auſsi point ne foulez
Le menu peuple: ains en toute doul-
ceur
Gardez le bien, ſi bien qu'il ſoit aſſeur
Des ennemis, & de ſedition.
Le ſage Roy en ſa perfection
Eſt tout ainſi que l'ame au corps: qui guide
Iceluy corps, & deſſus luy preſide.
O que le peuple eſt eureux quand il a
Vn Roy prudent: certes ce grand bien là
De Dieu procede. Et auſsi vn bon Roy
Fait les ſiens viure en paix ſoubz bõne loy,
Les bons exauce, & les loue, & les priſe,
Les remercie en leur bonne entrepriſe:
Et des mauuais les folies reprime,
En puniſſant les meſchans pour leur crime.
Il ne croit point, n'adiouſte auſsi de foy
Au vain parler qu'il oit dire de ſoy.
Hors d'auec luy dechaſſe les flateurs,
Pour receuoir les ſages ſeruiteurs,
Diſcretz, ſçauans, de bonne conſcience:

moraulx.

Qui ne lairront leur prince en indigence
De bon conseil, ains faisant leur office
Suyuront vertu & laisseront le vice
Instituant à vertu leur seigneur
Dont pour loier receuront grand honneur.
Le Prince aussi pour esleuz familiers
Doibt auec soy auoir bons conseillers
Gens sans faueur, aymans le bien publique,
Sans passion & sans vouloir inique:
Non preferans leur bien particulier
Au bien commun & prouffit d'vn milier.
 Roys vous debuez tirer voz ennemis
A bonne paix, en faire voz amis
Par voz vertus & liberalitrez
Par voz bienfaictz & maganimitez:
De les gaigner ainsi, mieulx vault la gloire
Que par bataille auoir d'eulx la victoire,
 Mais, s'il aduient qu'il faille vser de force
Temperez vous, & qu'aucun ne s'efforce
S'il nest contraint, respandre sang humain
Et pardonnez à la cruelle main.
 O que Clemence & debonnaireté
Doulceur, Amour & Affabilité
Dedans le cœur du Roy sont bien assises:
Aussi ne sont au Prince moins requises

Enseignement

Severité & Rigueur par mesure,
Et le desir de Iustice & droicture.

Instruction aux subiectz.

Portez honneur à voz Roys & voz princes
Qui sont recteurs & gardes des prouinces:
Voire aux mauuais, car dieu les a permis:
En dignite dessus vous les a mis,
Pour vous garder, administrer Iustice,
Et vous conduire en tresbonne police.
L'estat du Roy n'est de Rauir & prendre,
Ains de garder son peuple, & le defendre:
Et toutesfois comme au seigneur en terre
Vous luy debuez aider en temps de guerre,
Et si debuez obeir à ses loix,
Quand elles sont consonantes aux droictz.

Instruction aux ieunes gens.

Portez aussi honneur & reuerence
Aux anciens qui ont preeminence
Par dessus vous: & specialement
A pere & mere, afin que longuement
Viure puissiez pleins d'honneur & bõ aage:
Car c'est le vray & bien seur heritage

Qui ne perit:si vous faictes ainsi,
Tous voz enfans vous le feront aussi.

Plus que moins.

Faultes de l'impression.

Fueillet. Page. Ligne. Faulte.   *Lisez.*

x	i	x	d'Ezechias.	de Sedechias.
xii	i	xix	multitudinē.	multitudini.
xv	i	xxi	tu n'aies pas.	tu n'es pas.
xxxiiii	i	xxi	amicos.	inimicos.

www.ingramcontent.com/pod-product-compliance
Lightning Source LLC
LaVergne TN
LVHW050636090426
835512LV00007B/893